Lütje Lüüd

Lütje Lüüd
in Hannover

Christian Haase

mitteldeutscher verlag

VORWORT

HANNOVER

BILDINDEX

VORWORT
HANNOVER
BILDINDEX

01 Nähe Georgsplatz

02 Schiffgraben / Berliner Allee

03 Robert-Enke-Straße

04 Justizvollzugsanstalt

POLIZEI

2

WIR
FORDERN:
120 TAGE
URLAUB
RENTE
Wir
streiken

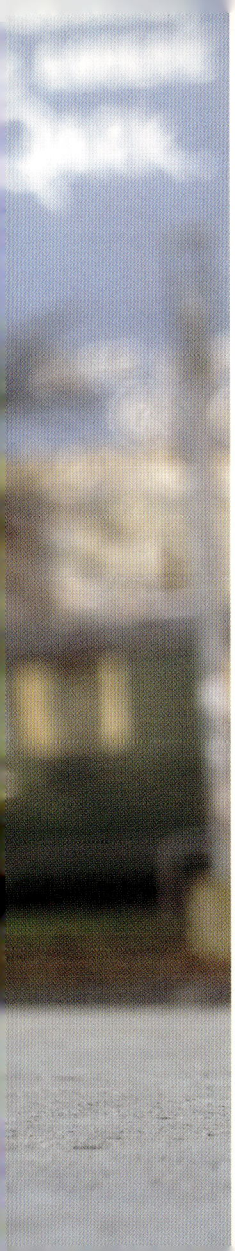

VORWORT
HANNOVER
BILDINDEX

01 Nähe Georgsplatz

02 Schiffgraben / Berliner Allee

03 Robert-Enke-Straße

04 Justizvollzugsanstalt

05 Volgersweg

06 Spinnereistraße

07 Nienburger Straße

08 Nähe Elise-Meyer-Allee

09 Königsworther Platz

10 Peter-Fechter-Ufer

11 Medizinische Hochschule

12 Wunstorfer Landstraße

13 Stadtfelddamm

14 Großer Garten Herrenhausen

15 Expo Plaza

16 Schiffgraben

17 Nähe Glockseestraße

18 Podbielskistraße

19 Ernst-August-Platz

20 Kröpcke

21 Reitwallstraße

22 Schaufelder Straße

23 Kurt-Schumacher-Straße

24 Nähe Leibnizufer

25 Georgsplatz

26 Georgsplatz

27 Berliner Allee

28 Misburger Straße

29 Am Pferdeturm

30 Aegidientorplatz

31 Nienburger Straße

32 Sedanstraße (U-Bahn)

33 Maschpark

34 Lister Turm

35 Welfengarten

36 Tiergarten

37 Ernst-August-Platz

38 Noltemeyerbrücke

39 Waterlooplatz

40 Opernplatz

41 Stadtpark

42 Maschsee Nordufer

43 Nähe Noltemeyerbrücke

44 Lindener Hafen

45 Teehaus im Stadtpark

46 Altes Rathaus

47 Nähe Berggarten

48 Basilika St. Clemens

49 Marktkirche

50 Pferdestraße

51 Gartenfriedhof

52 Stadtfriedhof Engesohde

FOTOGRAF

Christan Haase Jahrgang 1970, lebt und arbeitet seit mehr als 20 Jahren in der niedersächsischen Landeshauptstadt. Seine Leidenschaft für die Fotografie entdeckte er bereits in jungen Jahren im Rahmen eines Schulprojektes. Von der analogen Fotografie inkl. S/W-Bildentwicklung führte der Weg Mitte der 90er Jahre in die Welt der digitalen Fotografie und Bildbearbeitung in wechselnden Sujets.

© Andreas-Joachim Lins

Danke an die Kleinkunst-Werkstätten Paul M. Preiser GmbH
für die freundliche Unterstützung.

Gesamtherstellung: Mitteldeutscher Verlag, Halle (Saale)

ISBN 978-3-95462-461-4

Printed in the EU